VENTE DU JEUDI 24 FÉVRIER 1910

à 3 heures

Hôtel Drouot, Salle N° 8

TABLEAUX

Anciens et Modernes

Dessins, Aquarelles

Commissaire-Priseur	Expert
M° EDOUARD FOURNIER	M. ROBERT GANDOUIN
29, Rue de Maubeuge	40, Avenue Wagram

Étude de Me ÉDOUARD FOURNIER, Commissaire-Priseur

à Paris, Rue de Maubeuge, 29

CATALOGUE

DES

TABLEAUX

Anciens et Modernes

Dessins, Aquarelles

dont la vente aura lieu

Le Jeudi 24 Février 1910, à 3 heures

HOTEL DROUOT, SALLE N° 8

Commissaire-Priseur   Expert

Me ÉDOUARD FOURNIER   M. ROBERT GANDOUIN

29, Rue de Maubeuge   40, Avenue Wagram

CHEZ LESQUELS SE DISTRIBUE LE PRÉSENT CATALOGUE

EXPOSITION PUBLIQUE

Le Mercredi 23 Février 1910, de 2 heures à 6 heures

CONDITIONS DE LA VENTE

Elle sera faite expressément au comptant.

Les acquéreurs devront payer *dix pour cent* en sus des enchères.

L'Exposition mettant le public à même de se rendre compte de l'état des tableaux à vendre, il ne sera admis aucune réclamation, l'adjudication prononcée.

DÉSIGNATION

ANTIGNA

1. — Tête de jeune fille. Panneau.

DE BEAUMONT

2. — Désespoir de l'alchimiste.

BRAQUAVAL

3. — La rue Saint-Antoine (panneau).

CHARPIN

4. — La garde des moutons.

Ch. CORBINEAU

5. — La prière.

CUYP (Ecole de)

6. — Paturage au Soleil couchant.

DAVID COL

7. — Le galant éconduit. Signé et daté : Anvers 1859.

DECAMPS (Attribué à)

8. — La chasse aux marais (panneau).

9. — Intérieurs d'écurie (2 aquarelles).

10. — Aliboron (fusain).

DELACROIX (Attribué à)

11. — Le Vieux Château. Dessin à la pierre noire.

DESFRICHES (Attribué à)

12. — Pont rustique. — Pierre d'Italie, rehaussée.

DESHAYES

13. — Natures mortes (deux tableaux se faisant pendants).

DESPORTE (Attribué à)

14. — Canards (panneau décoratif).

ECHARD

15. — Le repos du Berger (dessin rehaussé de lavis).

ECOLE DE DE MARNE

16. — La rentrée des foins.

ECOLE FLAMANDE

17. — Descente de croix (style primitif).
18. — Beuverie.
19. — Le repos du chasseur.
20. — Les apprêts du dîner.
21. — La laitière effrayée.
22. — L'aimable cavalier (pendants).
23. — Vieux donjon.

ÉCOLE DE FONTAINEBLEAU

24. — Les bords de la clairière.
25. — Le gros Rocher.

ÉCOLE FRANÇAISE

26. — Portrait d'une Lady.

27. — Marine, effet d'orage.

28. — Portrait d'actrice.

29. — La lettre.

30. — Portrait de femme et portrait d'homme. Cadre ovale en bois sculpté.

31. — Amours. Dessin dans le style de Sauvage.

32. — Offrande à Vénus.

ÉCOLE FRANÇAISE (xviiiᵉ Siècle)

33. — Le repos de Vénus et l'Amour.

34. — Minerve (étude).

35. — Portrait de Paul Iᵉʳ, empereur de Russie.

ÉCOLE FRANÇAISE (Iᵉʳ Empire)

36. — Portrait d'acteur.

ÉCOLE FRANÇAISE (1830)

37. — L'embarquement pour la promenade.

38. — Bords de l'Isère.

39. — Soleil couchant.

40. — Le jour du marché.

41. — Fac-similé d'aquarelle.

ÉCOLE FRANÇAISE (xixᵉ Siècle)

42. — La gentille bouquetière.

43. — L'aimable chien (Pastels faisant pendants).

44. — Conversations sous bois.

P. H. ECOLE FRANÇAISE

45. — La Passerelle. Environs de Fontainebleau. Aquarelle.

ECOLE FRANÇAISE MODERNE

46. — Jetée à marée basse.

ÉCOLE ITALIENNE

47. — Vierge et enfant.

48. — Chérubin couronnant une Sainte.

ÉCOLE MODERNE

49. — Etude dans le genre de Velasquez.

ECOLE SUÉDOISE (xvii° Siècle)

50. — L'aubade des nomades à l'entrée du village.

ÉCOLE SUISSE

51. — Village dans la vallée.

VAN FALENS (Ecole de)

52. — Départ et Retour de chasse. Deux tableaux se faisant pendant.

FANTIN-LATOUR

53-54. — Deux portraits de l'artiste par lui-même (Crayon noir).

Ces dessins doivent figurer au Catalogue général de l'œuvre du maître.

FEUCHÈRE

55. — Sacrifice (plume lavis).

FRANCK

56. — Saintes femmes au pied de la croix.

Adrien GUIGNET

57. — « Et ils précipitèrent leurs prisonniers dans le gouffre... ». (Salon de 1840).

Ad. GUILLOU

58. — Cueillette de roses.

T. GUDIN

59. La pose des filets.

HUBERT ROBERT (Genre de)

60. — Etude (souvenir de Rome).

IWIL

61. — Côte Bretonne.

Ch. JACQUE (d'après)

62. — Plusieurs séries d'eaux-fortes. Ce lot sera divisé.

Ch. JACQUE (Attribué à)

63. — La gardeuse de dindons (Crayon).

JAPY

64. — La petite mare.

JONGKIND (Attribue à)

65. — Les moulins.

Ch. LANDELLE (1875)

66. — L'approche de l'orage.

E. LAMBINET

67. — Moulin en Normandie.

LARGILLIÈRE (École de)

68. — Portrait de femme costume bleu.

LEBARBIER

69. — Mort d'Iphigénie. (Gouache).

LEGRAND

70. — Le refuge de l'amour.

LÉPICIÉ (Attribué à)

71. — Jeune garçon (portrait). — Pastel. — Cadre bois
sculpté.

MANKASSY

72. — Veuve priant.

MICHEL (Genre de)

73. — Coteaux dans la Cote-d'Or.

R. MOLS

74. — Chrysanthèmes (nature morte).

MOUCHERON

75. — Palais en Italie.

PALAMÈDES

76. — Réunion Galante.

PERRONNEAU (Genre de)

77. — Portrait d'homme. Pastel.

PHILIPPE DE CHAMPAIGNE

78. — Portrait présumé d'Arnauld d'Audilly.

79. — Héloïse ? Portrait de femme en costume d'abbesse.

H. PILLE

80. — Etude (aquarelle).

Henri REGNAULT

81. — Coucher de Soleil.

ROBINEAU (Ferdinand) (1865)

82. — Sous bois en Hollande.

ROBINEAU-SALLART

83. — Le Lavoir.

ROBINEAU-SALLART (1870)

84. — Le Modèle à l'atelier.

ROBINEAU-SALLART

85. — Le Camp de Saint-Maur.
86. — Le Torrent.

SALLESVAGNER

87. — La Cartomancienne.

SCHAKELIN

88. — Les Buveurs (panneau),

TAUNAY (Attribué à)

89. — Environs de Paris. Paysage.

TÉNIERS (d'après)

90. — L'Homme à la cruche.

P. TULLON

91. — Le Puits (panneau).

VALERIO (1846)

92. — Portrait d'un Calabrais (aquarelle).

VAN KESSEL (d'après)

93. — Chez le Barbier (scène d'animaux).

J. VERNET (Ecole de)

94. — L'orage.

---

95. — Jeune Hollandaise. Monogramme R. S.

96. — La rentrée à l'écurie (aquarelle). Monogramme H. G.

97-98. — Deux maquettes sous verre ; figures et paysages gouachés avec vêtements d'étoffe.

99. — Divers tableaux anciens.

100. — Divers tableaux modernes.

101. — Divers dessins et aquarelles.